Nome do livro

Subtítulo do livro

Nome do autor

Table of Contents

No table of contents entries found.

Prefácio

Lorem ipsum dolor sit amet, consectetur adipiscing elit, sed do eiusmod tempor incididunt ut labore et dolore magna aliqua. Massa placerat duis ultricies lacus sed turpis tincidunt. Netus et malesuada fames ac turpis egestas maecenas. Urna nunc id cursus metus aliquam. Convallis aenean et tortor at risus viverra adipiscing. Lacinia at quis risus sed. At urna condimentum mattis pellentesque id nibh. At erat pellentesque adipiscing commodo elit at imperdiet dui accumsan. Amet venenatis urna cursus eget nunc scelerisque. Nibh mauris cursus mattis molestie a iaculis at erat pellentesque. Nibh mauris cursus mattis molestie a. Varius quam quisque id diam vel quam elementum. Consequat interdum varius sit amet mattis vulputate enim nulla aliquet. Eget gravida cum sociis natoque penatibus et magnis. Vel facilisis volutpat est velit egestas dui.

Capítulo 1

*L*eo vel fringilla est ullamcorper eget nulla facilisi. Sed arcu non odio euismod lacinia at. Elit eget gravida cum sociis natoque penatibus et. Viverra ipsum nunc aliquet bibendum enim facilisis gravida neque convallis. Donec enim diam vulputate ut pharetra sit amet aliquam id. Amet consectetur adipiscing elit ut aliquam purus sit. Dolor morbi non arcu risus quis varius. Diam sit amet nisl suscipit. Ut tortor pretium viverra suspendisse potenti nullam ac tortor. Urna nec tincidunt praesent semper feugiat nibh sed. Arcu dictum varius duis at.

Dignissim diam quis enim lobortis. Nibh tellus molestie nunc non blandit massa enim nec. Lobortis mattis aliquam faucibus purus. Duis convallis convallis tellus id interdum velit laoreet id donec. At tempor commodo ullamcorper a lacus vestibulum. Egestas fringilla phasellus faucibus scelerisque eleifend donec pretium. Nibh venenatis cras sed felis. Tellus molestie nunc non blandit massa. Turpis tincidunt id aliquet risus feugiat in ante metus dictum. Vivamus arcu felis bibendum ut. Sit amet porttitor eget dolor morbi non arcu risus. Consectetur lorem donec massa sapien faucibus et molestie ac feugiat. Laoreet non curabitur gravida arcu ac. Massa enim nec dui nunc mattis enim ut.

Orci phasellus egestas tellus rutrum tellus pellentesque eu.

Viverra justo nec ultrices dui sapien. Nec feugiat in fermentum posuere urna nec tincidunt praesent semper. Sapien pellentesque habitant morbi tristique senectus. Nisl purus in mollis nunc sed id. Pulvinar neque laoreet suspendisse interdum consectetur libero id. Proin sagittis nisl rhoncus mattis rhoncus urna. Facilisi nullam vehicula ipsum a arcu. Elementum tempus egestas sed sed risus pretium quam vulputate. Elementum sagittis vitae et leo duis ut diam quam nulla. Quis ipsum suspendisse ultrices gravida dictum. Leo a diam sollicitudin tempor id eu nisl nunc mi. Ullamcorper a lacus vestibulum sed. Ultrices in iaculis nunc sed augue. Mauris augue neque gravida in fermentum et sollicitudin ac. Libero justo laoreet sit amet cursus sit amet dictum sit. Semper auctor neque vitae tempus quam pellentesque nec nam aliquam. Ipsum suspendisse ultrices gravida dictum fusce ut. Id ornare arcu odio ut sem nulla pharetra diam sit.

Capítulo 2

Dignissim diam quis enim lobortis. Nibh tellus molestie nunc non blandit massa enim nec. Lobortis mattis aliquam faucibus purus. Duis convallis convallis tellus id interdum velit laoreet id donec. At tempor commodo ullamcorper a lacus vestibulum. Egestas fringilla phasellus faucibus scelerisque eleifend donec pretium. Nibh venenatis cras sed felis. Tellus molestie nunc non blandit massa. Turpis tincidunt id aliquet risus feugiat in ante metus dictum. Vivamus arcu felis bibendum ut. Sit amet porttitor eget dolor morbi non arcu risus. Consectetur lorem donec massa sapien faucibus et molestie ac feugiat. Laoreet non curabitur gravida arcu ac. Massa enim nec dui nunc mattis enim ut. Orci phasellus egestas tellus rutrum tellus pellentesque eu.

Viverra justo nec ultrices dui sapien. Nec feugiat in fermentum posuere urna nec tincidunt praesent semper. Sapien pellentesque habitant morbi tristique senectus. Nisl purus in mollis nunc sed id. Pulvinar neque laoreet suspendisse interdum consectetur libero id. Proin sagittis nisl rhoncus mattis rhoncus urna. Facilisi nullam vehicula ipsum a arcu. Elementum tempus egestas sed sed risus pretium quam vulputate. Elementum sagittis vitae et leo duis ut diam quam nulla. Quis ipsum suspendisse ultrices gravida dictum. Leo a diam sollicitudin tempor id eu nisl nunc mi. Ullamcorper a lacus vestibulum sed. Ultrices in iaculis nunc sed augue. Mauris augue neque gravida in fermentum et sollicitudin ac. Libero justo laoreet sit amet cursus sit amet dictum sit. Semper auctor neque vitae tempus quam pellentesque nec nam aliquam. Ipsum suspendisse ultrices gravida dictum fusce ut. Id ornare arcu odio ut sem nulla pharetra diam sit.

Capítulo 3

Viverra justo nec ultrices dui sapien. Nec feugiat in fermentum posuere urna nec tincidunt praesent semper. Sapien pellentesque habitant morbi tristique senectus. Nisl purus in mollis nunc sed id. Pulvinar neque laoreet suspendisse interdum consectetur libero id. Proin sagittis nisl rhoncus mattis rhoncus urna. Facilisi nullam vehicula ipsum a arcu. Elementum tempus egestas sed sed risus pretium quam vulputate. Elementum sagittis vitae et leo duis ut diam quam nulla. Quis ipsum suspendisse ultrices gravida dictum. Leo a diam sollicitudin tempor id eu nisl nunc mi. Ullamcorper a lacus vestibulum sed. Ultrices in iaculis nunc sed augue. Mauris augue neque gravida in fermentum et sollicitudin ac. Libero justo laoreet sit amet cursus sit amet dictum sit. Semper auctor neque vitae tempus quam pellentesque nec nam aliquam. Ipsum suspendisse ultrices gravida dictum fusce ut. Id ornare arcu odio ut sem nulla pharetra diam sit.

Capítulo 4

Aliquet nec ullamcorper sit amet risus. Purus faucibus ornare suspendisse sed nisi. Ullamcorper sit amet risus nullam eget felis eget. Purus semper eget duis at. Risus viverra adipiscing at in tellus integer feugiat scelerisque. At in tellus integer feugiat scelerisque varius. Congue mauris rhoncus aenean vel elit. Morbi tincidunt augue interdum velit euismod in. Neque aliquam vestibulum morbi blandit cursus risus at ultrices mi. Dui sapien eget mi proin sed. Ornare aenean euismod elementum nisi quis eleifend quam adipiscing vitae. Porttitor leo a diam sollicitudin tempor id eu nisl. Rhoncus urna neque viverra justo. Id diam maecenas ultricies mi. Porta nibh venenatis cras sed felis. Euismod elementum nisi quis eleifend quam adipiscing vitae proin. Non sodales neque sodales ut etiam sit.

Laura Grossmann

Aliquet nec ullamcorper sit amet risus. Purus faucibus ornare suspendisse sed nisi. Ullamcorper sit amet risus nullam eget felis eget. Purus semper eget duis at. Risus viverra adipiscing at in tellus integer feugiat scelerisque. At in tellus integer feugiat scelerisque varius. Congue mauris rhoncus aenean vel elit. Morbi tincidunt augue interdum velit euismod in. Neque aliquam vestibulum morbi blandit cursus risus at ultrices mi. Dui sapien eget mi proin sed. Ornare aenean euismod elementum nisi quis eleifend quam adipiscing vitae. Porttitor leo a diam sollicitudin tempor id eu nisl. Rhoncus urna neque viverra justo. Id diam maecenas ultricies mi. Porta nibh venenatis cras sed felis. Euismod elementum nisi quis eleifend quam adipiscing vitae proin. Non sodales neque sodales ut etiam sit.

Aliquet nec ullamcorper sit amet risus. Purus faucibus ornare suspendisse sed nisi. Ullamcorper sit amet risus nullam eget felis eget. Purus semper eget duis at. Risus viverra adipiscing at in tellus integer feugiat scelerisque. At in tellus integer feugiat scelerisque varius. Congue mauris rhoncus aenean vel elit. Morbi tincidunt augue interdum velit euismod in. Neque aliquam vestibulum morbi blandit cursus risus at ultrices mi. Dui sapien eget mi proin sed. Ornare aenean euismod elementum nisi quis eleifend quam adipiscing vitae. Porttitor leo a diam sollicitudin tempor id eu nisl. Rhoncus urna neque viverra justo. Id diam maecenas ultricies mi. Porta nibh venenatis cras sed felis. Euismod elementum nisi quis eleifend quam adipiscing vitae proin. Non sodales neque sodales ut etiam sit.

Laura Grossmann

Laura Grossmann

Laura Grossmann

Laura Grossmann

Laura Grossmann

Laura Grossmann